Bildquellen:
Alte Grafik & Kulturhistorische Bilddokumente
R. Mehrdorf, 74074 Heilbronn
info@altegrafiken.de

© 2002 Esslinger Verlag J. F. Schreiber · Esslingen, Wien.
Anschrift: Postfach 10 03 25, 73703 Esslingen.
ISBN 3-480-21792-3

Solch ein Fest ist uns bescheret

Die schönsten Gedichte zur Weihnachtszeit

esslinger
präsent

Weihnachten

Markt und Straßen stehn verlassen,
still erleuchtet jedes Haus,
sinnend geh ich durch die Gassen,
alles sieht so festlich aus.

An den Fenstern haben Frauen
buntes Spielzeug fromm geschmückt.
Tausend Kindlein stehn und schauen,
sind so wunderstill beglückt.

Und ich wandre aus den Mauern
bis hinaus ins freie Feld,
hehres Glänzen, heilges Schauern!
Wie so weit und still die Welt!

Sterne hoch die Kreise schlingen,
aus des Schnees Einsamkeit
steigts wie wunderbares Singen –
O du gnadenreiche Zeit!

(Joseph von Eichendorff 1788-1857)

Unter dem Weihnachtsbaum

Da guck einmal, was gestern Nacht
Christkindlein alles mir gebracht:
Ein Räppchen, ein Wägelein,
ein Käppchen, ein Krägelein;
ein Tütchen und ein Rütchen;
ein Büchlein voller Sprüchlein;
das Tütchen, wenn ich fleißig lern',
ein Rütchen, tät ich es nicht gern,
und nun erst gar den Weihnachtsbaum,
ein schön'rer steht im Walde kaum.
Ja, schau nur her und schau nur hin
und schau, wie ich glücklich bin.

(Friedrich Wilhelm Güll 1812 - 1879)

Vom Christkind

Denkt euch – ich habe das Christkind gesehen!
Es kam aus dem Walde, das Mützchen voll Schnee,
mit rot gefrorenem Näschen.
Die kleinen Hände taten ihm weh;
denn es trug einen Sack, der war gar schwer,
schleppte und polterte hinter ihm her –
was drin war, möchtet ihr wissen?
Ihr Naseweise, ihr Schelmenpack –
meint ihr, er wäre offen, der Sack?
Zugebunden bis oben hin!
Doch war gewiß etwas Schönes drin:
Es roch so nach Äpfeln und Nüssen!

(Anna Ritter 1865-1921)

Der Traum

Ich lag und schlief; da träumte mir
ein wunderschöner Traum:
Es stand auf unserm Tisch vor mir
ein hoher Weihnachtsbaum.

Und bunte Lichter ohne Zahl,
die brannten ringsumher;
die Zweige waren allzumal
von goldnen Äpfeln schwer.

Und Zuckerpuppen hingen dran;
das war mal eine Pracht!
Da gab's, was ich nur wünschen kann
und was mir Freude macht.

Und als ich nach dem Baume sah
und ganz verwundert stand,
nach einem Apfel griff ich da,
und alles, alles schwand.

Da wacht' ich auf aus meinem Traum,
und dunkel war's um mich.
Du lieber, schöner Weihnachtsbaum,
sag an, wo find' ich dich?

Da war es just, als rief er mir:
„Du darfst nur artig sein;
dann steh ich wiederum vor dir;
jetzt aber schlaf nur ein!

Und wenn du folgst und artig bist,
dann ist erfüllt dein Traum,
dann bringet dir der heil'ge Christ
den schönsten Weihnachtsbaum.”

(Heinrich Hoffmann von Fallersleben 1798-1874)

Ein Winterabend

Wenn der Schnee ans Fenster fällt,
lang die Abendglocke läutet,
vielen ist der Tisch bereitet
und das Haus ist wohlbestellt.

Mancher auf der Wanderschaft
kommt ans Tor auf dunklen Pfaden.
Golden blüht der Baum der Gnaden
aus der Erde kühlem Saft.

Wanderer tritt still herein;
Schmerz versteinerte die Schwelle.
Da erglänzt in reiner Helle
auf dem Tische Brot und Wein.

(Georg Trakl 1887 - 1914)

Winters

Juchhe! Juchhe! Juchhe!
Willkommen, mein Herr Schnee!
Was auch die Leute sagen
von seinem Kopf und Kragen,
der nur auf Trotz erpicht,
er ist so übel nicht!

Juchhe! Juchhe! Juchhe!
Wir loben Ihn, Herr Schnee!
In seinen weißen Gleisen
fährt glatt man, wie auf Eisen,
und treibt sein lustig Spiel,
und schlittert flugs zum Ziel.

Juchhe! Juchhe! Juchhe!
Versteht auch Spaß, Herr Schnee,
hält's gerne mit Gesellen,
die werfen sich mit Bällen;
wirft selbst mit drauf und dran –
er ist schon unser Mann!

Juchhe! Juchhe! Juchhe!
Er doktert brav, Herr Schnee!
Er machet auf Verlangen
uns frische rote Wangen,
auch schmeckt sein Mittel gut,
drum leb er wohlgemut!

(unbekannter Verfasser)

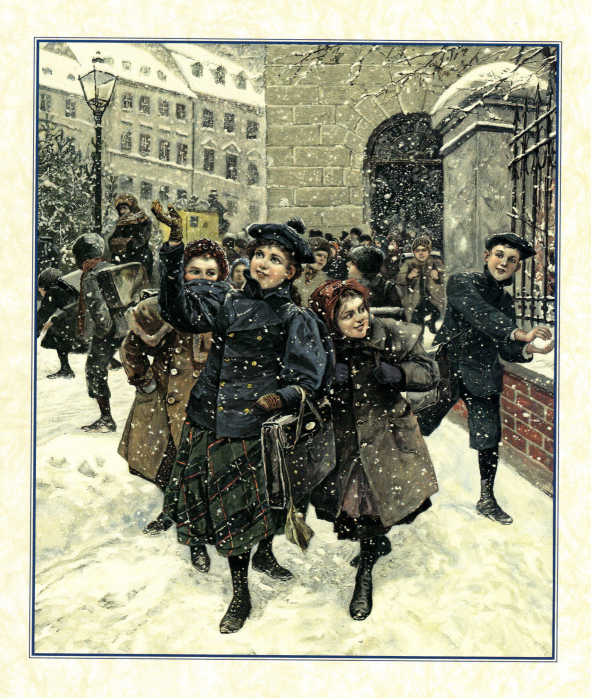

Schneezauber

Schneeverhangen die Tannen
brechend unter der Wucht.
Nebel spinnen und spannen
sich um Pfade und Schlucht.

Knackt ein Ast nur zuzeiten,
fern ein Vogelruf schallt;
sonst kein Laut in den Weiten,
im verzauberten Wald.

(Lulu von Strauß und Torney 1873-1956)

Weihnachtslied

Vom Himmel in die tiefsten Klüfte
ein milder Stern herniederlacht;
vom Tannenwalde steigen Düfte
und hauchen durch die Winterlüfte,
und kerzenhelle wird die Nacht.

Mir ist das Herz so froh erschrocken,
das ist die liebe Weihnachtszeit!
Ich höre fernher Kirchenglocken
mich lieblich heimatlich verlocken
in märchenstiller Herrlichkeit.

Ein frommer Zauber hält mich wieder,
anbetend, staunend muß ich stehn;
es sinkt auf meine Augenlider
ein goldner Kindertraum hernieder,
ich fühl's, ein Wunder ist geschehn.

(Theodor Storm 1817-1888)

Weihnachten

Bäume leuchtend, Bäume blendend,
überall das Süße spendend,
in dem Glanze sich bewegend,
alt- und junges Herz erregend –
solch ein Fest ist uns bescheret,
mancher Gaben Schmuck verehret;
staunend schaun wir auf und nieder,
hin und her und immer wieder.

Aber, Fürst, wenn dirs begegnet.
Und ein Abend so dich segnet,
daß als Lichter, daß als Flammen
vor dir glänzten allzusammen
alles, was du ausgerichtet,
alle, die sich dir verpflichtet:
Mit erhöhten Geistesblicken
fühltest herrliches Entzücken.

(Johann Wolfgang von Goethe 1749-1832)

Winterlied

Ja, der Winter, ja, der Winter
ist ein lieber Mann,
wo man weiße Bälle schmeißen,
Schlittschuh laufen kann.

Wo der Vater aus der Kammer
uns den Schlitten gibt,
und man hoch vom Berge rodelt,
daß es Funken stiebt.

Wo die Mutter Schokolade
abends in die Tassen gießt,
und man einen roten Apfel
recht mit Lust genießt.

Ja, der Winter, ja, der Winter
ist ein lieber Mann,
wo man weiße Bälle schmeißen,
Schlittschuh laufen kann.

(Comus Flam)

Kindlein, kauft ein

Kindlein, kauft ein!
Hier ein Hündlein,
hier ein Schwein,
Trommel und Schlegel,
ein Rennpferd, ein Wägel,
Kistchen und Pfeifer,
Kutschen und Läufer,
Husar und Schweizer,
um ein paar Kreuzer
ist alles dein.
Kindlein, kauft ein!

(Johann Wolfgang von Goethe 1749-1832)

Die Heilige Nacht

So ward der Herr Jesus geboren
im Stall bei der kalten Nacht.
Die Armen, die haben gefroren,
den Reichen war's warm gemacht.

Sein Vater ist Schreiner gewesen,
die Mutter war eine Magd.
Sie haben kein Geld nicht besessen,
sie haben sich wohl geplagt.

Kein Wirt hat ins Haus sie genommen;
sie waren von Herzen froh,
daß sie noch in Stall sind gekommen.
Sie legten das Kind auf Stroh.

Die Engel, die haben gesungen,
daß wohl ein Wunder geschehn.
Da kamen Hirten gesprungen
und haben es angesehn.

Die Hirten, die will es erbarmen,
wie elend das Kindlein sei.
Es ist eine G'schicht' für die Armen,
kein Reicher war nicht dabei.

(Ludwig Thoma 1867-1926)

Nußknacker

Nußknacker, du machst ein grimmig Gesicht –
ich aber, ich fürchte vor dir mich nicht:
Ich weiß, du meinst es gut mit mir,
drum bring ich meine Nüsse dir.
Ich weiß, du bist ein Meister im Knacken:
Du kannst mit deinen dicken Backen
gar hübsch die harten Nüsse packen
und weißt sie vortrefflich aufzuknacken.
Nußknacker, drum bitt ich dich, bitt ich dich,
hast bessere Zähn als ich, Zähn als ich.
O knacke nur, knacke nur immerzu!
Ich will dir zu Ehren
die Kerne verzehren.
O knacke nur, knack knack knack! immerzu!
Ei, welch ein braver Kerl bist du!

(Heinrich Hoffmann von Fallersleben 1708-1874)

Vom Honigkuchenmann

Keine Puppe will ich haben –
Puppen gehn mich gar nichts an.
Was erfreun mich kann und laben,
ist ein Honigkuchenmann,
so ein Mann mit Leib und Kleid
durch und durch von Süßigkeit.

Stattlicher als eine Puppe
sieht ein Honigkerl sich an,
eine ganze Puppengruppe
mich nicht so erfreuen kann.
Aber seh ich recht dich an,
dauerst du mich, lieber Mann.

Denn du bist zum Tod erkoren –
bin ich dir auch noch so gut,
ob du hast ein Bein verloren.
Ob das andre weh dir tut:
Armer Honigkuchenmann,
hilft dir nichts, du mußt doch dran!

(Heinrich Hoffmann von Fallersleben 1798 -1874)

Advent

Es treibt der Wind im Winterwalde
die Flockenherde wie ein Hirt,
und manche Tanne ahnt, wie balde
sie fromm und lichterheilig wird;
und lauscht hinaus. Den weißen Wegen
streckt sie die Zweige hin – bereit,
und wehrt dem Wind und wächst entgegen
der einen Nacht der Herrlichkeit.

(Rainer Maria Rilke 1875-1926)

In der Christnacht

Ein Bettelkind schleicht durch die Gassen –
der Markt läßt seine Wunder seh'n:
Lichtbäumchen, Spielzeug, bunte Massen.
Das Kind blieb traumverloren steh'n.

Aufseufzt die Brust, die leidgepreßte,
die Wimpern sinken tränenschwer.
Ein freudlos Kind am Weihnachtsfeste –
ich weiß kein Leid, das tiefer wär'.

Im Prunksaal gleißt beim Kerzenscheine
der Gaben köstliches Gemisch,
und eine reichgeputzte Kleine
streicht gähnend um den Weihnachtstisch.

Das Schönste hat sie längst, das Beste,
ihr Herz ist satt und wünscht nichts mehr.
Ein freudlos Kind am Weihnachtsfeste –
ich weiß kein Leid, das tiefer wär'.

Doch gält's in Wahrheit zu entscheiden,
wer des Erbarmens Preis verdient –
Ich spräch': Das ärmste von euch beiden
bist du, du armes reiches Kind!

(Ottokar Kernstock 1848-1928)

Der erste Schnee

Ei du liebe, liebe Zeit,
ei wie hat's geschneit, geschneit!
Rings herum, wie ich mich dreh,
nichts als Schnee und lauter Schnee.
Wald und Wiesen, Hof und Hecken,
alles steckt in weißen Decken!
Und im Garten jeder Baum,
jedes Bäumchen voller Flaum!
Auf dem Sims, dem Blumenbrett
liegt er wie ein Federbett!
Auf den Dächern um und um
nichts als Baumwoll' rings herum!
Und der Schlot vom Nachbarhaus,
wie possierlich sieht der aus:
hat ein weißes Müllerkäppchen,
hat ein weißes Müllerjöppchen!
Meint man nicht, wenn er so raucht,
daß er just ein Pfeiflein schmaucht?

Und im Hof der Pumpenstock
hat gar einen Zottelrock,
und die pudrige Perücke
und den Haarzopf im Genicke
und die ellenlange Nase
geht schier vor bis an die Straße!
Und erst gar draußen vor dem Haus!
– wär' nur erst die Schule aus!
Aber dann, wenn's noch so stürmt,
wird ein Schneemann aufgetürmt,
dick und rund und rund und dick,
steht er da im Augenblick.
Auf dem Kopf als Hut 'nen Tiegel
und am Arm den langen Prügel
und die Füße tief im Schnee:
und wir ringsherum, juhe!
Ei, ihr lieben Leut',
was ist heut' das eine Freud' !

(Friedrich Wilhelm Güll 1812-1879)

Knecht Ruprecht

Von drauß' vom Walde komm' ich her;
ich muß euch sagen, es weihnachtet sehr!
Allüberall auf den Tannenspitzen
sah ich goldene Lichtlein sitzen.
Und droben aus dem Himmelstor
sah mit großen Augen das Christkind hervor.
Und wie ich so strolcht' durch den finstern Tann,
da rief's mich mit heller Stimme an:
„Knecht Ruprecht", rief es, „alter Gesell,
hebe die Beine und spute dich schnell!
Die Kerzen fangen zu brennen an,
das Himmelstor ist aufgetan,
Alt' und Junge sollen nun
von der Jagd des Lebens einmal ruhn;
und morgen flieg' ich hinab zur Erden,
denn es soll wieder Weihnachten werden!"

Ich sprach: „O lieber Herre Christ,
meine Reise fast zu Ende ist;
ich soll nur noch in diese Stadt,
wo's eitel brave Kinder hat."
– „Hast denn das Säcklein auch bei dir?"
Ich sprach: „Das Säcklein, das ist hier:
Denn Apfel, Nuß und Mandelkern
essen fromme Kinder gern!"

– „Hast denn die Rute auch bei dir?"
Ich sprach: „Die Rute, die ist hier:
Doch für die Kinder nur, die schlechten,
die trifft sie auf den Teil, den rechten."
Christkindlein sprach: „So ist es recht,
so geh mit Gott, mein treuer Knecht!"
Von drauß' vom Walde komm' ich her;
ich muß euch sagen, es weihnachtet sehr!
Nun sprecht, wie ich's hierinnen find,
sind's gute Kind, sind's böse Kind?

(Theodor Storm 1817-1888)

Herrliche Weihnachtszeit

O schöne, herrliche Weihnachtszeit,
was bringst du Lust und Fröhlichkeit!
Wenn der heilige Christ in jedem Haus
teilt seine lieben Gaben aus.

Und ist das Häuschen noch so klein,
so kommt der heilige Christ hinein,
und alle sind ihm lieb wie die Seinen:
die Armen und Reichen, die Großen und Kleinen.

Der heilige Christ an alle denkt.
Ein jedes wird von ihm beschenkt.
Drum laßt uns freu'n und dankbar sein!
Er denkt auch unser, mein und dein.

(Heinrich Hoffmann von Fallersleben 1798-1874)

Die heil'gen drei Könige

Die heil'gen drei Könige aus Morgenland,
sie frugen in jedem Städtchen:
Wo geht der Weg nach Bethlehem,
ihr lieben Buben und Mädchen?

Die Jungen und Alten, sie wußten es nicht,
die Könige zogen weiter;
sie folgten einem goldenen Stern,
der leuchtete lieblich und heiter.

Der Stern blieb stehn über Josephs Haus,
da sind sie hineingegangen;
das Öchslein brüllte, das Kindlein schrie,
die heil'gen drei Könige sangen.

(Heinrich Heine 1797-1856)